JN439936

나를 만나면
무슨 말을 할까

홍희숙

제3시집

나를 만나면 무슨 말을 할까

세종출판사

시인의 말

허공에 던진 말
바람 같아
마음속에 뛰어들었다.
안개처럼 사라지는 몸,
나에게 맞는 옷을 입고
꿈과 현실이 하나가 되는
시를 만나고 싶다.

차례

제1부 어찌 가벼울 수 있겠니

어디로 갈까 1 / 13
어디로 갈까 2 / 14
인형놀이 / 15
색을 탐하다 / 16
몇 초, 그리고 아픔 / 17
뭉크를 그려 보다 / 18
크러쉬 멍 때리기 / 19
가상게임 / 20
진실은 / 21
겨울새 / 22
웜 홀 / 23
변신 / 24
카타르시스 / 25
마궁 / 26
십오 초 / 27
불장난 / 28
불꽃놀이 / 29
내 안에 있는 섬 / 30
내 안에 있는 바다 / 31
내 안의 나 / 32
나를 만나고 싶다 / 33

제2부 난 여우처럼 울고

우리 좋아하나요 / 37
착각 / 38
갈꽃 피는 순간 / 39
장난 / 40
사랑이라 말하지 마 / 41
조건 없는 사람 / 42
나를 위하여 / 43
너를 만나러 간다 / 44
하얀 연꽃 / 45
혼자 가는 길 / 46
가을 편지 / 47
하늘공원에서 / 48
참, 나 / 49
몸의 대화 / 50
마그마 / 51
포식자 / 52
눈부신 그대 / 53
와석처럼 / 54
보고 싶다 / 55
꿈 / 56
꿈이야 / 57
꿈꾸듯 1 / 58
꿈꾸듯 2 / 59
너와 나 / 60
해 질 녘 / 61
개나리꽃이 핀다 / 62

제3부 울컥 터지는 진실

무엇인가 / 67
깨꽃 / 68
앙상한 나무 / 69
바보 / 70
넋두리 / 71
마음 한 줄기 / 72
어디로 갈까요 / 73
기쁨이 된다면 / 74
불나비 / 75
혼자말 / 76
허방 / 77
연가 / 78
오월 / 79
타인 / 80
의미가 되고 싶어 / 81
화이트홀 / 82
아웃사이드 / 83
일몰의 순간 / 84
바람아 / 85
아바타 1 / 86
아바타 2 / 87
아바타 3 / 88

제4부 저 환한 바다인데

시 1 / 91
시 2 / 92
시 3 / 93
시 4 / 94
시 5 / 95
시 6 / 96
시 7 / 97
시 8 / 98
시 9 / 99
시 10 / 100
시 11 / 101
시 12 / 102
시 13 / 103
시 14 / 104
시 15 / 105
시 16 / 106
시 17 / 107
시 18 / 108
시 20 / 109
시 21 / 110
시 22 / 111
시인이니까 / 112
인생은 길고 예술은 짧다 / 113

해설 | 박정선
깊은 고뇌는 인간을 고귀하게 만든다 / 117

제1부

어찌 가벼울 수 있겠니

어디로 갈까 1

누가 물으면
너를 껴안은 팔이 풀린다

동백꽃 피는 길에서
마음을 나누는 사람

어디로 갈까,

가로수 잎에 가려진 창백한 얼굴
마음을 감추기 위해

어디로 갈까,

불 꺼진 수족관 물고기
창을 열면

저 환한 바다인데
깃털이 날아다니는 길에서

어디로 갈까,

어디로 갈까 2

저토록
햇살은 눈부신데

어디로 갈까,

나를 찾아
산들바람 부는 들판으로 갈까

너를 보듬고
새들이 지저귀는 숲으로 갈까

어디로 갈까,

너와 나
고뇌가 사라지는 곳으로 갈까

인형 놀이

촛불 타들어 가는 밤
뼛속 깊이 파고드는 통증

토하지 못해
심장이 타버릴 것 같아

난 여우처럼 울고
넌 사자처럼 웃고

고문하는 인형 놀이

너를 떠나고
나를 떠나고

떠오르는 얼굴 눈부시다

색을 탐하다

눈부신 아침

붉게 달아오르는 창 앞에서

벌거벗은 인형을 탐하다

흠뻑 젖은 속옷

하루 종일 출렁거리다

가을볕에 말린다

몇 초, 그리고 아픔

누추한 몸

어디서
허우적거리고 살았는지

걷잡을 수 없이 지쳐
너 안에서

나를 허문 몇 초,
다른 꽃에 앉아 즐겼니

기억은 가시가 되어 아픈데

구름은 무심히 흘러가고
바람은 못 본 척 지나간다

뭉크를 그려 보다

하얀 새,
두 날개를 잃어버린 캔버스

한 조각 빵이 된 소녀
누드에 머문 환상의 첫 화살

마돈나 미궁에 빠져든다

순수 절경의 신비한 색채 아우라,
시간이 멈춘

삶과 주검의 검붉은 피

하늘을 물들이고
바다를 물들이고

거꾸로 돌아가는 세계 너머
사물들의 울음을 간직한 채

절규하는 뭉크

크러쉬 멍 때리기

나를 키운 허기

시작도 끝도
시간도 공간도 모르는 나

많은 사람 만나고 헤어지고
만난 너, 전생이 궁금해

뒤엉켜 놀다 속수무책 도취
우리 미쳤니

아닌 척 탈을 쓴
나를 만나면 무슨 말을 할까

내가 무너질까
네가 무너질래

누군가 먼지도 세계가 있다 한다

가상게임

발정 난 고양이
입술이 타들어 간다

불쌍한 눈으로 바라보지 마
임대된 것 같아

한잔 술에 취해
불붙는 놀이 클릭, 혼절

소방차가 오고
정신과 의사가 온다

긴급 처방
가상게임 폭파

삭제된 한여름 밤의 무늬

진실은

어젯밤
뭘 먹었니

너를 먹는 환각의 순간
물거품처럼 사라지는 나

타들어 가는
혀가 마약처럼 쓰다

어디까지 연극이니
어디까지 장난이니

잔물결로 가라앉는 너
사실을 말해 봐

웃고 있니
울고 있니

진실은

겨울새

난 너를 모른다

나뭇잎 떨어질 때
바람이 분다는 걸 느끼고
죽음의 일부인 것을 안다

낙엽을 태우면
쓰러진 채 바라보는 눈빛에
어둠이 쌓여있는 사람이 보이고

별이 떨어진 거리에 지친
발걸음의 생
언제 끝날지 모르지만

가벼운 몸으로 거닐다
흔적 없이 사라진다 해도
어제를 잊고

오늘을 사랑하고 싶다

웜 홀

너와 나의 공간을 찾아

빛을 타고
블랙홀에 들어가는 우주인

지구를 수없이 돌고 돌다
마궁에 홀린 순백의 혼,

별들의 춤사위에
울긋불긋 욕망의 꽃이 피고,

하얀색 검정색 경계가 사라지는
웜 홀,

너와 나
처음처럼 기쁨이 샘솟는 시간 여행

변신

물안개 속에서
십이 색 무지개가 뜬다

수련이 꽃잎을 여는
한여름에 눈꽃 송이 날리고

고사목이 새싹을 터트리고
허깨비와 즐기다 날이 샌다

복더위에 곡선미가 아름다운
조각 여신 깜짝 누드 쇼

몇십 만 혀가 날름거리고
꽃뱀이 된 사냥개

비뇨기과 의사가 온다

사물들이 하늘로 날아가고
문장이 완성

이 무대는
시를 위한 시뮬레이션

카타르시스

사물이 북적이는 거리에
울퉁불퉁 바바리맨

놀이기구 없어도 짓을 한다

벽화에 쏟아내는 단백질
누가 먹고 있다

색을 취한 바람, 눈이 캄캄

운무로 춤추는 겨울 바다에
마음 준 파도가 에로스

입 다문 동백꽃 다 떨어진다

몸 던진 갈매기가 아가페
피눈물이 사랑일까

봄을 초대하는 카타르시스

겨울 나그네가 떠나고
색동옷을 입은 까치가 온다

마궁

땡벌이
여왕 궁에 물대포를 쏘았니

사랑아

허망한 곳에서
파도의 몸부림으로 혼절

신맛 쓴맛 단맛
볼 거 못 볼 거 다 본

사랑아

핵폭탄을 맞고
울고 웃으며 살고 싶니

사랑아

십오 초

달

휘영청 밝은 밤

불타는 화살

너에게 꽂힐 때

공중에서 십오 초

기절초풍

상상만 해도 떠오르는 쾌감

몸이 아프니

마음이 아프니

불장난

신들린 듯 비행을 하다

타임머신 파열음을 타고
쏘아 올린 불쏘시개

아궁이를 활 활 불 지피고
가마솥에서 펄펄 끓다

장난감 칼에
가짜 총에 죽고 사는 연극

관객이 있어도
멈출 수 없는 불장난

불꽃놀이

불타는 숲에서
붉은 꽃에 취해

너는 웃고
나는 울고

마음 머문 동안

깜짝 유희라니
가벼운 장난이라니

몸 버리는 순간
하나가 되는 불꽃놀이

내 안에 있는 섬

산벚꽃 흩날리는 날
옥빛 바다에 취한 사람들은 희희낙락

신이 난
유람선은 갈팡질팡 파도를 탄다

홍몽에 젖은 동백꽃
꽃봉오리를 열지 못해 아프니

뭘 얻기 위해 여기까지 왔나

더는 잃을 것 없어
산 넘고 강 건너

하늘빛 고운 바다에 빠지는
내 안의 섬이여

내 안에 있는 바다

내가 출렁이면
너도 출렁인다

내 안에서 출렁이다
하얗게 부서지는 바다,
고귀한 생명이다

화려하지 않아,
미워할 수 없는 너
눈물 없는 이별이 슬프다

나는 나로 족하다

하회탈을 쓰고 싱글벙글
파도의 리듬을 타고
나 아닌 바다로 간다

오늘 나는
어제 내가 아니다

내 안의 나

비를 안고
피거나 지거나

슬픈 눈으로 바라보지 마
바람이 몸을 두드리면

난 먹구름이 사라지고
넌 빛이 되어 부서진다

내 안의 나
뛰어넘을 수 있을까

어딘가에 있을
나를 위해 수많은 별을 헤아리며

산천초목이 손짓하는 곳으로 간다

나를 만나고 싶다

눈 내리는 길에서
색안경을 벗고
나를 만나러 간다

상에 이끌려 헤매다
이끼 낀 눈
새벽이슬로 씻어내고

단맛에 길들여져
진실을 외면한 입
작두날로 채찍질하고

좋고 나쁜 소리에
기울어진 귀
새소리 물소리로 지우고

매연 황사에
분별없이 시달린 코
산뜻한 꽃향기로 채우고

하늘로 치솟아 오르는 몸
땅속 깊이 낮추고
이제 나를 만나고 싶다

제2부

난 여우처럼 울고

우리 좋아하나요

끝없이 몸부림치며
새하얗게 웃음 짓는 파도

너를 만나면
언제나 샘솟는 기쁨

우리 좋아하나요

갈매기가 스쳐 가고
바다 위에서 둥둥

가장 깊은 곳에서
가까워지다 멀어지는 너

백야의 시간은 길고
소라가 들려주는 노래에 맞춰

너와 나
처음처럼 춤출까

착각

내가 어때서
나를 바꾸니

아무리 뜯어봐도
9할이 모자라는 나

눈 코 입을 바꾸고
몸을 변신해야 하니

가만히 마음을 보듬고
만지면 웃고 반짝이는데

왜
나를 바꾸어야 하니

갈꽃 피는 순간

해 저무는 강가

너는 피고
나는 지고

저토록 억새꽃은 붉은데
그 속을 들여다보면

어둠 가득한 너
바람에 흔들리다 울었니

갈꽃 피는 순간
세상은 붉게 물드는데

장난

초록 잎 흩날리는 날

라일락 향기에 취해
숨막히는 몸짓

닿았다 사라지는 순간
핏방울이 맺혀도

꽃을 허무는 입술 달콤한가요
어디 향기로운 곳 그뿐인가요

어둡고
아찔하고

아득한 별들의 전쟁
누구를 위한 놀이인가요

사랑이라 말하지 마

얼마나 굶주렸는지

칼끝에서 꿀을 핥는
야생 벌처럼 재미나게 놀다

변기에 버리는 휴지처럼
추락하는 인형

사랑이라 말하지 마

수심 깊은 바다에서
꽃불로 탈 때만 사랑이야

조건 없는 사람

그런 사람 있을까

어딘가 있을 것만 같아
많은 사람을 만나고

연꽃 같은 사람을 만나면
좋아한다 말할 수 있을까

꿈에나 만날 것 같은
조건 없는 너를 만나면

오, 그만
이제 눈을 감아도 좋으리라

나를 위하여

현실을 거부하고
달빛 부서지는 곳에서

터질 듯 탱탱한 마음
깊은 곳에서 노닐다

별 사라지는 줄 모르고
몸 다 닳는 줄 모르고

산산이 부서져
더 넓은 바다로 갈까

나를 위하여

너를 만나러 간다

너를 모르고
사는 것이 무참해

허공에서 춤추다
떨어져도 무작정 간다

느닷없이 마주치는 태풍
선물이니 웃으며 간다

잠시 너를 만나 차오르는
기쁨, 순식간에 사라져도

너를 만나러 간다

하얀 연꽃

하늘을 향하여 기도하는
한 송이 연꽃

순결한 꽃부리에 스치는 바람
하얀빛으로 반짝인다

수만 가지 번민을 짊어지고
색에 물들지 않는 순수,

땅속 바닥까지 가 보면
그 큰 뜻을 알 수 있을까

눈을 감아도
고요히 피어나는 하얀 꽃부리

혼자 가는 길

누군가 그리워
그냥 어디로 간다

어쩌자고, 잊어버린 얼굴

막다른 길에도 길은 있으니
나를 잊고 간다

저 숲을 들여다보면
흑백 같은 생

그늘을 지우고
나비처럼 훨훨 무작정 간다

쏟아지는 꽃비
오늘이 축복이다

가을 편지

아,

뚝 떨어지는 나뭇잎

사그락사그락 낙엽을 밟으며

그대가 보고 싶어 눈시울 적신다

언제인가

손잡고 거닐며 꿈꾸던 연둣빛

어느덧 만추의 숲에 와 있다

아,

가을

하늘공원에서

영남 알프스

가을바람을 타고
사자 바위에 안겨 꿈을 꾼다

하늘인지 땅인지
둥둥 떠다니는 마음

잠시
어디에 갔다 왔니

이 모든 것
여기에 두고 내려갈까

그대여

참, 나

나

어디에 있니

내가

나를 모르고

너에게 스며드는 순간

몸 떠난

마음이 환한 빛일 때

참, 나

몸의 대화

마음아

몸 깊은 곳에서

새의 날개로 춤추고 싶니

몸아

가시밭에 뒹굴다 피가 흘러도
여기서 살고 싶니

마음아

바람의 옷을 입고
나비처럼 날아오르고 싶니

몸아

마그마

넌 바다 불덩이

산 정상
토굴을 벌겋게 달구고

하늘 높이 용솟음치는 벼락불
하얀 꽃에 홀릭

호화찬란한 성벽을 무너뜨리고
바다에 새빨갛게 쏟아내는 무정물

높고 깊게 준 건지 받은 건지
한 번도 본 적 없는 미증유라네

포식자

강한 자만 먹지

수시로 변신하는 눈
수천 가지 색을 빨아들이고

용광로에 벌겋게 달군
시퍼렇고 날카로운 입,
벗어날 수 없는 사냥이다

사랑하거나 죽거나
눈부신 쾌감
정신 착란의 폭발이다

폐가에 남기고 간 배설물
정제된 한 알의 씨,
포식자, 본능적 사랑이다

눈부신 그대

그대
어젯밤 꿈속에서 보았다

오늘 좋은 일이 있을 것 같아
높은 산으로 간다

태양처럼 떠오르는 얼굴
차마 바라볼 수 없어 뒤돌아보니

사리암벽에 앉아있는 그대
몇천 년 전 나인지 생각해 본다

저토록 아침은 눈부신데

나는 보이지 않고
너무나 먼 곳에 있는 그대

와석처럼

사람이 없는 산에
홀로 와석처럼 앉아있다

누구 문 안에 갇힌 상처인지

그림자처럼 따라다니는 얼룩
햇살이 지우고 있다

저 강렬한 눈동자
닮은 듯 다른 얼굴로

높은 곳을 향해 가고 있다

보고 싶다

환상의 순간 사라지는 꽃
넌 믿을 수 있니

해변에서 입맞춤하는

너와 나

한계를 넘지 못해
웃어도 눈물이 난다

내 가슴에 자라는 너
키스하다

안녕이라 말하지 마

여전히 아름다운 밤
모래밭에 보고 싶다 쓴다

꿈

번개를 초대했나

가상공간이 펼쳐지고
뜨겁게 달아오르는 불기둥

영혼을 삼키는
독수리 눈빛 같다

전생인지
이생인지

거미줄에 대롱대롱 매달린
고추잠자리

마치 꿈꾸는 것처럼

꿈이야

지난

가을은 참으로 아름다웠다

누구 뜻인지 칼바람이 분다

절벽에 부딪혀 돌아갈 수 없는

강을 건너 신천지로 간다

아, 꿈이야

꿈꾸듯 1

눈 내리는 겨울밤

너와 나

하얀 눈밭에서 뒹굴며 놀다

아궁이에 불을 지피고

마음 가는 대로 타오른다면

하루를 살아도 좋으리라

꿈꾸듯 2

비는 내리고
거센 바람이 불고

어쩌자고
집을 뛰쳐 나왔는지

몸이 모르고
마음이 모르고 바보 같아

나를 잊고
너를 잊고

몸은 몸끼리
마음은 마음끼리

기대며 살 수 있을까

너와 나

너와 나

한곳을 바라보며
오솔길을 걸어간다

연둣빛 풀밭에서
철없는 아이처럼 뒹굴며 놀다

불 지핀 장작불
어쩔 수 없는 바람에 꺼져버린 교감

한 가슴에 뿌리내린
한 가슴은 비워야 하나

해 질 녘

황금빛 물들어가는
양평 두물머리 강가

청둥오리는
짝을 지어 둥둥 떠다니는데

색을 버린 연잎은
바람을 안고 말이 없고

빈 배에 홀로 앉아있는 새
그림자가 서늘하다

해 질 녘
돌다리를 하나, 둘, 두드리며 길어가는

아이 해맑은 웃음소리에
마른 연잎이 활짝 웃고 있다

개나리꽃이 핀다

아이는
개나리꽃을 본
그대로 이야기를 만들고

어른은
노란색을 확인한 후
덧붙여 이야기를 하고

아이는
소꿉장난하는
기쁨으로 훌쩍 자라고

어른은
가짜 인형 놀이 아픔으로
점점 작아지고

개나리꽃
울타리에서 울고 웃다
흐르는 눈물이 생명수다

단비가 내린다

아이의 가슴에
어른의 가슴에
개나리꽃이 핀다

제3부
울컥 터지는 진실

무엇인가

해 돋는 아침

눈 뜨게 한
목련이 스친
몸은 무엇이고
마음은 무엇인가

장미 향기가
두고 간
피는 무엇이고
상처는 무엇인가

땅바닥에서
울며 뒹구는
바람은 무엇이고
낙엽은 무엇인가

쓰러지게도
일어서게도 하는
니는 무엇이고
나는 무엇인가

이 모든 것이
사라지는
저녁은 무엇이고
아침은 무엇인가

깨꽃

하늘 가득한 고소한 향기

입맛 없는 날
황금 들판으로 간다

몰래 훔친 깨꽃
겉옷을 벗기고
냉수 목욕시키고
불판에 올려놓고 달달 볶는다

톡톡 튀는 재미
압축기에 빙빙 돌리고
공중에서 톡톡 붕붕
꿀꺽,
미끌미끌 미끄럼타기

오늘도
입안 가득 고소한 향기

앙상한 나무

텅 빈 산
겨울비는 내리고

얼어붙은 언덕에
홀로 서 있는 앙상한 나무

등 굽은 가지에
대롱대롱 매달린 잎사귀

젖은 채 땅바닥에 누워있는
이 허무

바람의 장난은 아닌지요

바보

허기로 버틴 나

시작도 끝도
시간도 공간도 모른 채

무작정 가다
배고파 미쳐봤니

부의 눈동자
호랑이 눈빛처럼 붉고

표정 없는 얼굴은
속수무책

너를 잃어버리고
나를 잃어버리는

바보
얼마나 황홀한지 몰라

넋두리

하루에 서너 번 오가는
시골 버스

단 일 분도 아까운지
인정사정없이 가버리고

먼지 폴폴 날리는
고추밭에 앉아

뉘 고추가 맵니 덜 맵니
아무개 고추가 크니 작니

넋두리 바람에 웃음보가 터지고
오숨이 찔끔

시간 가는 줄 모르다
그만 버스는 떠나고

집으로 가는 길이 뒤숭숭하다

마음 한 줄기

약속도 없이
시간은 달리고 마음도 달리고

허공에서 붕붕
지상을 떠돌다 사라지는 잎

한때 황홀하게 빛나다
밑거름이 된 생

바랄 것도
구할 것도 없고

취할 것도 없는 마음 한줄기

어디로 갈까요

컴퓨터랑 놀다
장미꽃에 클릭

노랑나비가 날아오고
방울방울 바탕화면

원숭이가 뛰어놀다
디지털 욕망이 꿈틀꿈틀

4차원 입술이 열리고
바람이 만지면 팽창하는 언어

보이지 않는 곳에
나도 모르게 정지된 마우스

죽었다 살아나는 파랑새
어디로 갈까요

기쁨이 된다면

안개 자욱한 산을 오른다

꽉 막힌 절벽 앞에서
가지도 오지도 못하는

슬픔 한 컷, 호주머니에 넣고
다시 도전하는 용기

내일은 몰라도
최선을 다하는 오늘

연꽃 흙탕물이 함께하는
세계를 위하여

오체투지하는 시
기쁨이 된다면 좋겠네

불나비

한여름 밤

오색 불빛에 취해

젖은 문이 열리고

터질 듯 팽팽한 곳에서

춤추는 불나비처럼

재가 되어도

무슨 여한이 있으리

혼자말

어깨에 쌓인 돌
몸이 이길 수 있니

어제는 리폼
오늘은 재건축

내일이
꿈틀거리는 여기서

나를 지울까

시여
홀로 핀 꽃이여

바람 부는 지금
뭘 사랑해야 하나

허방

엄숙한 성전에
가면 쓴 모리배가 우글우글

손발이 다 닳도록 기도하는
눈에 보이는 신세계

하늘로 오르다
뚝 떨어지는 땅바닥

깨어나니 허방,

잃은 것도 얻은 것도 없다 하네

연가

활 활 활

불태우는 여름 숲에서
몸 바쳐 노래하는 매미

등줄기를 타고
소용돌이치는 그리움

살 속 깊이 파고드는
너는 사라지고

남기고 간 허무의 껍데기

내일이면 잊어도
너를 그리워하는 나무

오월

산바람은 출렁출렁
장미는 울타리를 넘어오고

일찍 눈뜬 구렁이
꽃잎에 앉아 싱글벙글

새가 웃고
바람이 웃고

허공에 쏟아지는 꽃
가시에 찔린 망각이 오고

오월의 문장이 완성

타인

동백꽃은
뛰어내릴 듯 아슬아슬한데

수평선만 바라보고 한숨짓는
등대

울부짖는 파도 소리에
갈매기는 눈물 흘리는데

바다는
무지갯빛 운무로 환상

의미가 되고 싶어

사랑,
큰 산을 품고 있다

느낌 없는 몸으로
너에게 닿은 마음

너무 벅차고 무거워
그만 내려놓을까

아니
의미가 되고 싶어

생각 없이
물 흐르는 대로 갈까

화이트홀

거센 바람을 타고
마음속으로 들어가는 불나방

별들의 춤사위에
하얀 꽃에 앉아

몸 부서지는 줄 모르고
철산 절벽을 허물고

저 높은 곳을 향해 질주하는 무아

눈을 뜨자
황금빛으로 물들어있는 화이트홀

생명의 탄생인지
주검의 허무인지

아웃사이드

바람이
몸을 밖으로 밀어낸다

마음은 긴 터널을 지나
길모퉁이를 돌아

가장 낮은 곳에서
휘몰아치는 우울

빈티지 옷을 입고
여기저기 기웃거리는

한 생이 코너로 밀려가는
내 속성은 밖

일몰의 순간

어제와 오늘이 숨 쉬는
바다를 노을빛으로 물들이는

회색 도시는 환한데
몰운대 바다는 어둠에 쌓여 있다

낮과 밤 경계에서 몸부림치는 바다,
삶의 깊이만큼

낙동강 물을 끌어안고
또 다른 생명을 잉태하는 다대포

일몰의 순간
대역사의 깃발을 갯벌에 꽂고

빛을 향해 가는 마지막이 눈부시다

바람아

바람아

나뭇잎 다 떨어진다

내 몸도 떨어진다

나무의 고통은 열려있고

훌쩍훌쩍 슬피 우는 새

누구의 진혼곡일까

아,

바람아 멈추어 다오

아바타 1

태양이 불타는 낙원
깊은 숲에서

기쁨이 차오르는 쾌락
수수께끼 같은 아픔이 온다

흔들리는 바람 속에서
마음이 먼저 가는

나를 우아하게 끌어안고
몽상에 젖어 노니는

넌, 아바타

아바타 2

나

어디서 잠자고 있나

네가 아니라

나를 모르고

너에게

스며드는 집요한 욕망

환한 빛으로 다가올 때

나일까

환멸로 달려오는 순간

아바타일까

아바타 3

난 처음부터
변신한 너인가 봐

왠지 오늘은 만날 것 같아
산 넘고 바다 건너

짐승이 들끓는 숲으로 간다
동굴 안에서 졸도

나를 외면하고
너를 외면하고

많은 상이 사라지는 아바타,

영혼의 새 세포가 자라나고
북녘 하늘에 떠오르는 샛별

제4부
저 환한 바다인데

시 1

울부짖는 말

바다에 터트릴 때
파도는 울었나

손님처럼 드나드는 태풍

오면 오는 대로
가면 가는 대로

울컥 터지는 진실
너는 많은 날을 기다렸나

시 2

어둠을 딛고 일어선
누추한 몸

쏟아지는 햇살 아래

너를 만나
창을 열고

별을 그리며 달을 그리며

환각의 늪에서
미친 듯 울고 웃으며

흥얼거리는 모순의 날들이여

시 3

왜
나는 깊은 곳에 빠질까

너를 안고
진흙탕에 뒹구는 날갯짓

긴 잠에서 깨어나
귀를 막고 입을 닫고

무한 공간 속으로 달린다

많은 얼굴이 사라지고
사물이 보이는 환희

그 끝은 알 수 없지만
어찌 가벼울 수 있겠니

시여

시 4

산은 무심하고

나무는 말이 없고

목마르게 하는 하늘이여

난 부서지기 쉬운 몸

춤추고 노래하며

너에게 마음을 던질까

공상을 멈추고

오로지 빛만 보고 갈까

시 5

삭막한 도시에서
너를 관통하지 못해

와르르 무너지는 말
휘청거리다 일어나

바람 부는 대로 펄럭이다
옷깃에 스며드는 한기로

신열이 끓어오르는

난 붉고
넌 푸르다

시 6

허구로 가득한 세상,

너에게
진심을 말하지 못해

웃음짓는 나
허깨비 같아 눈물이 난다

여전히 설레는 밤

나를 품고
나이테 깊이로 노래 부를까

손님처럼 오는 그대여

시 7

그대가 떠오르면
연둣빛 숲으로 간다

잠든 나를 일깨워주는
그대가 전부인 나

산산이 부서져도
활짝 꽃 피우고 싶은데

눈 뜨고
문이 열리지 않아 제자리

지나가는 바람이라도
그대에게 스며들면 좋겠네

시 8

봄이여

꽃바람은
살랑살랑 부는데

안 오시는지
못 오시는지

소문만 무성하고
비바람만 세차게 부네

아, 봄이여

불질러 다오
얼어붙은 가슴이 타오르도록

시 9

아카시아 꽃향기가

살 속 깊이 파고드는 오월

불꽃처럼 타오르다

재가 되어도 좋아라

이 또한 순간이라지만

영혼을 달래주는

그대, 죽어도 못 잊으리

시 10

차마 눈부셔

바라볼 수 없는 너,

빛만 바라보고 가다

아슬아슬한 수평일 때

하늘로 날아오르는 시

너에게 울림이 될까

시 11

눈에 보이지 않는

너를 그리워하다

칼날 같은 바람에 찔려

백지에 터트릴 때

홀로

얼마나 많은 밤을 지새웠나

시 12

오색찬란한 밤

나를 단두대에 올려놓고 즐기는
넌 불화살

내 입술에 꽂히는 순간

쏟아지는 붉은 피
이보다 더 좋은 선물이 있을까

나를 죽이는 건
너를 사랑하는 것

소금밭에서 뒹굴던 미생이
꽃송이로 환생하는 꿈을 꾼다

신비로 가득한 너

시 13

불타는 마음

바다에 던지고

파도의 몸으로 춤출 때

내 입술은 더 붉어지고

네 혈관을 타고 흐르는 노래

세상에 물들겠네

시 14

눈뜨고
사물이 보이지 않아

눈 감고
숲 명상을 한다

하늘은
귀를 열어 두고

마음 가는 대로 보라 하고

바다는
입을 닫아 두고

느끼는 대로 쓰라 한다

시 15

순수를 잃어버린
양면의 절망

너를 뛰어넘을 수 없어
숨가쁜 짓을 한다

자아도취일까

잡념을 버리고
백치의 길을 가면

정수리에서 발끝까지
영혼의 피가 흐르고

맑은 나를 만날 수 있을까

시 16

상의 그늘이 깊다

팔색조 옷을 벗고

꽃잎을 여는

무의식 화살을 꽂고

너에게로 가면

억만 겁 고뇌가 사라지는

시를 쓸 수 있을까

시 17

난 뜬구름

넌 창밖의 별

폭풍전야

미궁에 빠진 나

너를 위하여 노래 부를 때

눈부신 보랏빛 언어

너에게 스며든다면

온 세상이 환해지는데

시 18

너,
한계를 넘지 못해

날아오르다 떨어지고
차오르다 사라지는

넌 눈부시고
난 초라하다

접어 둔 날개를 펼치고
뜨거운 가슴으로

빈속을 채우면
나에게 의미가 될까

시 19

불바다에서
끝없이 솟아오르는 나

외딴섬에서
문득 다른 얼굴 같아

수평선에 올려놓고 자문한다

붉은 피가 흐르고
별빛 속에 노니는 몸

네가 나인지
내가 너인지

알 수 없어
그냥 마음 가는 대로 쓴다

시 20

백지 앞에서

귀가 멍멍

눈이 캄캄

떠오르는 대로 그림을 그린다

밝은색이 사라지고

어두운색도 사라지고

그림자 없는

백지의 세계로 간다

시 21

코로나 일상에 지쳐

새 옷을 입고
화려한 도시로 간다

비밀 통로에서
공포에 떨고 있는 얼굴

미색에 빠진 조각 같아
너를 탐색하다

몽환에 젖어 드는 몸짓에
울긋불긋 욕망의 꽃이 진다

독버섯 같은 말이 사라지고
의미의 꽃이 핀다

시인이니까

아름다운 노랠 불러봐
시인이니까

금지 구역에서 무슨 말을 했니
진실을 말해봐

흰색 검은색 구별하지 말고
중간색을 말해봐

허수아비처럼 답은 찾지 말고
호탕하게 웃어봐

천국과 지하를 오가며
현 세계에서 마음껏 날아봐

그래도 저래도 꼭두각시
감추고 싶은 노랠 불러봐

회전목마 피할 수 없다면
사랑이 답이야

인생은 길고 예술은 짧다

인생
누가 짧다 했나

사람을 품고
울고 웃으며 즐기는 오늘,
어제, 억겁만겁 토양분이 된
내일이 살아 숨 쉬는 영혼,
누가 짧다 했나

예술
누가 길다 했나

욕망의 바람을 안고
끝없는 열정의 몸짓으로
모방하고 재현하다 반영하는
순수 색채 아우라,
누가 길다 했나

누가 인생은 짧고 예술은 길다 했나

해설

깊은 고뇌는 인간을 고귀하게 만든다

박정선

홍희숙 제3 시집 『나를 만나면 무슨 말을 할까』 해설 평

깊은 고뇌는 인간을 고귀하게 만든다

박 정 선

(문학평론가)

1

시를 왜 아름답다고 할까? 또 아름다운 시란 무엇일까? 아름다운 언어의 수사 탓일까? 그러나 이런 것들은 전적으로 맞는 말이 아니다. 시가 아름다운 것은 독자에게 전달되는 유의적 감동 때문이다. 시는 담화 속에 들어있는 군더더기를 최소한으로 가지지만 시의 다의성은 다른 어떤 언어보다도 더 깊고 강렬하고 풍부한 메시지를 생산해내는 까닭이다. 그리고 홍희숙 시인의 작품을 접하게 되면 이런 의미를 생각하게 되는데 그 이유는 무엇일까…?

다시 홍희숙 시집을 만났다. 이미 제1집, 제2집에서 보여주었거니와 그녀의 시는 여전히 차오른 물이 스스로 솟구쳐 오른 듯한 현상을 보여준다. 시는 정서의 유로임을

보여준 것이다. 그녀는 상투적이고 정형화된 사유를 거부한다. 의도적으로 시를 만들려고 하지 않는다. 그냥 흐르는 대로 허용한다. 그것은 무의식 세계가 밀어 올린 자연 분출에 가깝다. 프로이트의 주장에 따르면 무의식 세계에는 어떤 덩어리들이 존재하고 있으며 그 덩어리들은 나도 모르게 어떤 층에서 떠돌다 어떤 특별한 사유와 만나 작동하여 표출하게 된다.

홍 시인의 그 특별한 사유는 "나"에 대한 고뇌이다. 그것은 끝없는 자기 성찰과 자기 찾기와 자기와의 대화를 추구한다는 의미를 지닌다. 홍희숙의 시에서 가장 큰 주제는 나를 만나기 위한 자기 분석적 길 찾기라고 명명할 수 있다. 그녀는 자신에게로 가는 길을 찾기 위해 길을 걷는다. 그 길은 끝이 없는 무한의 연장이다. 이것은 회랑 식 긴 리케움Lyceum을 돌며 사유에 빠졌던 아리스토텔레스의 산책, 즉 소요逍遙를 떠올리게 한다.(아리스토텔레스의 지식 연구소 리케움은 건물이 긴 회랑 식으로 지어졌고 그 건물을 따라 걸으며 사유했다.) 천천히 걸으며 사유한다 하여 아리스토텔레스 학파를 소요逍遙학파라고 부르듯이 홍희숙의 시는 소요시라고 불러도 됨직한다. 산책적 이미지를 보여준 홍 시인의 시는 그렇게 산책하듯이 앞만 보고 진행된다.

시인은 그 끝없는 길에서 자신의 본질을 알기 원한다.

그러니까 홍 시인은 "나"와의 대면을 시도한 것이며 이는 곧 소크라테스의 산파술 "너 자신을 알라"는 말과 상통한다. 그런데 흥미롭게도 홍희숙 시인의 제3집 『나를 만나면 무슨 말을 할까』는 1집 『단, 11초』와 2집 『어디로 가고 있다』의 연장 선상에 놓여있다. 1집에서 보여준 초 단위의 시간성은 시간의 지배 아래 있는 인간의 한계에 대한 고독을 천착한 것이라면 2집에서는 인간의 원초적인 고독을 보여준다. 그리고 이것은 점점 더 고조되어 다시 제3집에서 결국 "나"라는 범위로 응축된 것이다.

사실 인간은 개체個體적 존재인 탓에 고독은 필연이다. 그러나 인간에게 고독은 역설적이게도 인간을 더욱 인간답게 만들어가는 생산적인 현상을 가져온다. 그리고 이것은 "깊은 고뇌는 인간을 고귀하게 만든다.(『인간적인 너무나 인간적인』)"는 니체의 말을 떠올리게 하는데, 다음 작품을 보면 시인의 고뇌야말로 인간을 고귀하게 만들어준다는 것에 동의할 수 밖에 없다.

눈 내리는 길에서
색안경을 벗고
나를 만나러 간다

상에 이끌려 헤매다

이끼 낀 눈
새벽이슬로 씻어내고

단맛에 길들어
진실을 외면한 입
작두날로 채찍질하고

좋고 나쁜 소리에
기울어진 귀
새소리 물소리로 지우고

매연 황사에
분별없이 시달린 코
산뜻한 꽃향기로 채우고

하늘로 치솟아 오르는 몸
땅속 깊이 낮추고
이제 나를 만나고 싶다

「나를 만나고 싶다」 전문

문제의 작품 『나를 만나고 싶다』는 나의 과거와 현재를 부정과 긍정으로 대비시켜 나의 새로운 길을 모색함을 보여준다. 먼저 색안경, 상像, 단맛, 매연 황사, 등은 부정어로서 과거의 나의 모습을 상징한다. 눈雪, 새벽이슬, 새소리 물소리, 꽃향기 등은 긍정어로서 나의 소망을 상징한다. 특히 첫째 연과 두 번째 연에서는 눈目, 세 번째 연에서는 입, 네 번째 연에서는 귀, 다섯 번째 연에서는 코, 등 감각기관을 동원하여 나에게로 가는 길을 신선한 세계로 부각시키려고 노력한다. 그렇다면 하얀 눈이 내리는 길은 새로운 길이다. 눈이 길의 모든 흔적과 더러움을 덮어버리기 때문이다. 새로운 그 길을 통해 화자는 색안경을 벗고 "나"를 만나러 간다. 더욱이 "단맛에 길들어/ 진실을 외면한 입/ 작두날로 채찍질"한다는 비장한 각오를 하고 "좋고 나쁜 소리에/ 기울어진 귀/ 새소리 물소리로 지우고" 진실한 나를 만나기를 원한다.

여기에 진정한 나를 만나는 조건이 하나 더 붙는다. 화자는 "하늘로 치솟아 오르는 몸 / 땅속 깊이 낮추고" '나를' 만나고 싶어 한다. 예를 들면 낮은 곳에 피어있는 제비꽃을 보기 위해서는 허리를 굽히고 고개를 땅으로 깊숙이 숙여야만 한다. 따라서 나는 낮은 곳에 있는 존재인데 내가 스스로 높으면 낮은 나를 만날 수가 없다. 하늘로 높이 치솟아 오르는 몸을 마치 땅속으로 들어갈 것처럼 낮추어야 나를 만날 수 있음을 강조한 것이다. 그러나 인간이 과거의 두꺼운 껍질을 벗고 자신을 만난다는 것은 종교에 가까운 성찰, 즉 자기 해체를 가할 때 가능하다는 것을 다음 작품에서 보여준다.

나를 키운 허기

시작도 끝도
시간도 공간도 모르는 나

많은 사람 만나고 헤어지고
만난 너, 전생이 궁금해

뒤엉켜 놀다 속수무책 도취
우리 미쳤니

아닌 척 탈을 쓴
나를 만나면 무슨 말을 할까

내가 무너질까
네가 무너질래

누군가 먼지도 세계가 있다 한다

「크러쉬 멍 때리기」 전문

「크러쉬 멍 때리기」는 3집의 표제어가 들어있는 작품으로 껍데기를 벗기 위한 몸부림의 서곡을 보여준다. 그리고 이 작품은 융이 말한 페르소나Persona에 초점이 맞추어져 있다. 정신의 겉면을 둘러싸고 있는 가면 페르소나 내부에 진정한 내가 감추어져 있기 때문이다. 화자는 마치 별을 향해 날아가는 우주선이 대기권 어디선가 껍데기를 벗어던지고 본체만 목적지를 향해 날아가듯이 껍데기로 둘러싸인 자기 속에 깊이 감추어 있는 본질을 만나기를 원한다. 그러나 이와 같은 시도는 그에 따른 응분의 대가를 치러야 하며 그 응분의 대가는 고뇌이다.

"시작도 끝도/ 시간도 공간도 모르는 나"는 대기권 어딘가에 처해있는 "나"를 말한다. 즉 목적지를 향해 날아가는 어딘가에 갇혀있는 "나"를 분석하려고 시도한 것으로 "많은 사람 만나고 헤어지고"(2연), "뒤엉켜 놓다 속수무책 도취"(3연)되었던 것은 비로소 본질로 들어가는 입구에 도달했음을 짐작할 수 있다. 그리고 4연의 "아닌 척 탈을 쓴/ 나를 만나면 무슨 말을 할까"는 정작 가면을 벗어버린 나의 본질과 맞닥뜨렸을 때의 두려움을 암시한다. 그럼에도 불구하고 화자는 "나"를 만나야 하고, "나"를 만나면 무슨 말을 할까'라는 매우 의미심장한 고뇌를 보여준 것이다.

2

이와 같이 "나"에 대한 물음과 성찰을 보여주는 제3집은 제1집, 2집보다 말수가 많이 줄어들었고, 대신 의미는 더욱 깊어졌다. 구체적인 사물에 대한 직접적 촉감에 의

하여 경험되는 결texture에서는 조금 떨어져 있으나, 내면의 깊은 사유는 신선미와 긴장미를 준다. 짧은 시는 주로 2행 단위, 혹은 1행 단위로 연구분을 했고 여백의 공간을 넓게 확보하여 깊어진 의미를 음미하는 여유를 준다. 어조는 더 예리해졌거나 도전적이며 과감하다.

그 가운데 특징적인 것으로 "우리 뭘 먹었니, 연극이니, 장난이니, 웃고 있니, 울고 있니, 몸이 아프니, 마음이 아프니" 등등 작품 전반적으로 " ―니"라는 의문형 어미가 자주 눈에 띈다. 이는 주체인 "나"를 향해 던지는 질문으로 "나"에 대한 성찰의 강렬함을 환기시킨다.

그러나 무엇보다도 제3집의 특징은 "나, "너, 그대"라는 대명사의 구조이다. 「내 안에 있는 섬」, 「내 안의 나」, 「내 안에 있는 바다」, 「나를 만나고 싶다」, 「너를 위하여」, 「너를 만나러 간다」, 「참, 나」, 「너와 나」, 「우리 좋아하나요」 그리고 21편의 연작시 「시 1」부터 「시 21」 등에서 보여주듯이 "나", "너", "그대"라는 대명사는 3집의 중심을 이루며 이는 대구법으로도 인상적이다.

"너는 웃고/ 나는 울고", "내가 출렁이면/ 너도 출렁인다", "너는 피고/ 나는 지고", "나를 잊고/ 너를 잊고", "너를 버리고 / 나를 버리고", "네가 나라는 생각/ 내가 너라는 생각", "넌 눈부시고/ 난 초라하다" 등과 같이 시인은

"나"와 "너"를 대립 구도로 배치했다. 대립 구도이면서도 "나"는 "너"를 극복하고 싶다. 그래서 나는 너와 동격을 이루고 싶다. 그러니까 시인은 주체인 나를 정면으로 응시하려는 것인데, 이 과감한 시도는 황동규 작품 「꿈, 견디기 힘든」과 좋은 대조를 이룬다. 홍 시인은 나를 정면으로 바라보기에 도전한다면 황동규는 "나"를 정면으로 바라보기를 기피하기 때문이다.

"거울 앞에서/ 그대는 몇 마디 말을 발음해본다./ 나는 내가 아니다 발음해본다. / 꿈을 견딘다는 건 힘든 일이다./ 꿈, 신분증에 채 안 들어가는/ 삶의 전부, 쌓아도 무너지고/ 쌓아도 무너지는 모래 위의 아침처럼 거기 있는 꿈."이라고 했는데 황동규의 시에서 그대는 나와 동격으로 자기인식을 거부하는 내면을 보여준다. 이는 홍 시인의 작품의 "나"와 마주보기와 대조를 이루면서도 "나"라는 존재론에 대해서는 같은 맥락을 취한다는 데 중요한 의미를 갖는다.

①저토록
햇살은 눈부신데

어디로 갈까

나를 찾아
산들바람 부는 들판으로 갈까

너를 보듬고
새들이 지저귀는 숲으로 갈까

어디로 갈까

너와 나
고뇌가 사라지는 곳으로 갈까

「어디로 갈까 2」 전문

②비를 안고
피거나 지거나

슬픈 눈으로 바라보지 마
바람이 몸을 두드리면

난 먹구름이 사라지고
넌 빛이 되어 부서진다

내 안의 나
뛰어넘을 수 있을까

어딘가에 있을
나를 위해 수많은 별을 헤아리며

산천초목이 손짓하는 곳으로 간다

「내 안의 나」 전문

작품 ①과 ②는 " ―갈까" 또는 " ―간다" 어미에 중점을 둔다. 먼저 ①에서 화자는 어디로 갈지(「어디로 갈까」)에 대해 고뇌한다. "어디"는 물리적인 지역이거나 공간이 아니라 관념의 "무엇"을 의미한다. 그리고 무엇은 곧 나를 찾아가는 길이다. 그런데 ②에서 "나를 찾아/ 산들바람 부는 들판으로 갈까"라고 하거나 "너를 보듬고/ 새들이 지저귀는 숲으로 갈까"라고 한다. 산들바람 부는 들판이나 새들이 지저귀는 숲은 심오한 고뇌를 차단해버리는 무념의 세계로서 고뇌와 이항대립을 이룬다. 이 이항대립의 근간에서 화자는 "나" 외에 "너"를 호출하여 "너와 나/ 고뇌가 사라지는 곳으로 갈까"라고 한다. 그러나 시인은 "내 안의 나/ 뛰어넘을 수 있을까"라는 중요한 의문을 제기하면서도 어딘가에 있을 나의 본질을 찾아 길을 가는 의지를 표명한다. 시인의 이런 전략은 고도의 역설로써 "너"라는 동행자를 내세움으로 하여 고뇌는 더욱 고뇌다워지게 되며 고독은 더욱 고독해져 진주처럼 영롱하게 빛날 수 있음을 보여준다.

③너를 모르고
사는 것이 무참해

허공에서 춤추다
떨어져도 무작정 간다

느닷없이 마주치는 태풍
선물이니 웃으며 간다

잠시 너를 만나 차오르는
기쁨, 순식간에 사라져도

너를 만나러 간다

「너를 만나러 간다」 전문

중요한 것은 "너"라는 대상이다. ③에서의 "너를 모르고 / 사는 것이 무참해"라는 고백에서 "너"는 과연 무엇? 누구일까?. 화자는 "허공에서 춤추다/ 떨어져도 무작정 간다"거나 "느닷없이 마주치는 태풍/ 선물이니 웃으며 간다"거나 "잠시 너를 만나 차오르는 / 기쁨, 순식간에 사라져도 // 너를 만나러 간다"는 결의를 표명한다. 우리는 이쯤에서 너를 만나러 가는 목적과 "너"라는 존재에 대해 의문을 던질 수밖에 없다. 그리고 이 의문은 4부에 배치되어 있는 20편 연작 시 모음인 「시1」부터 「시 20」에 가 닿는다. 곧 "너"는 詩이며 앞에서 언급한 대로 "나"는 "너"를 극복하고 서로 동격을 이루고 싶다. 나의 정체성은 곧 시로 완성되기를 희망한 것이다. 즉 시인의 목적은 진정한 시와 만나기를, 진정한 시인이 되기를 갈망한 것이다.

3

시인은 이미 시인이면서 시인이 되기를 갈망한다. ① "오직 빛만 바라보고 가면/ 너에게 다다를 수 있을까(「시 5」)", ②"목마르게 하는 그대여/ 손님처럼 오는 그대여(「시 6」)", ③"무심한 바람일지라도/ 그대 마음에 스며들면 좋겠네(「시 8」)", ④"나를 죽이는 건/ 그대를 사랑하는 것(「시 12」)"이라는 고백은 간절함 그 이상을 말해주기에 충분하다.

①의 고백대로 그녀에게 시는 빛이다. ②의 고백대로 시는 손님이다. 따라서 그녀는 ③에서처럼 바람으로라도 시에 스며들기를 갈망하면서 ④에서처럼 "나"를 죽이는 것이 곧 시를 사랑하는 것이라는 결론을 내린다.

이와 같이 간절히 시인이 시인이 되기를 갈망하는 것은 시인이기 때문이다. 그리고 이것은 오규원의 「남들이 시를 쓸 때」를 떠올리게 한다. 오규원은 이 작품에서 "나의 잠은 어디에 있는가./ 나의 잠은 방문까지는 왔다가는 되돌아가는지/ 방 밖에서는 가끔/ 모래알 허물어지는 소리만 보내온다. /남들이 시를 쓸 때 나도 시를 쓴다는 일은/ 아무래도 민망한 일이라고/ 나의 시는 조그만 충격에도 다른 소리를 내고"(두 번째 연)라고 한다. 그러니까 오규원은 "나의 시"는 남들이 시를 쓸 때 나도 덩달아 시를 쓰는 일은 민망한 일이라 다른 소리를 내야 한다는 것이다. 나는 남들이 다 쓰는 그런 시를 쓴다는 것을 용납할 수 없어 잠들지 못한 것이다. 마찬가지로 홍 시인은 "네가 그것을 해야 하기 때문에 그것을 해야 한다"는 칸트의 정언명령처럼 시인다운 진실을 말해보라고(「시인이니까」) 시인(나)에게 요구한다.

①아름다운 노랠 불러봐
시인이니까

금지구역에서 무슨 말을 했니
진실을 말해봐

「시인이니까」 중에서

②어둠을 딛고 일어선
누추한 몸

쏟아지는 햇살 아래

너를 만나
창을 열고

별을 그리며 달을 그리며

환각의 늪에서
미친 듯 울고 웃으며

흥얼거리는 모순의 날들이여

「시 2」 전문

③백지 앞에서

귀가 멍멍

그림자 없는

백지의 세계로 간다

「시 21」 중에서

①에서 시인이니까 아름다운 노랠 불러보라고 요구한 것은 명령에 가깝다. 시인은 시인 자신에게 시인이 될 것을 명령한 것이다. 두 번째 연에서는 금지구역에서 무슨

말을 했느냐며 그 진실을 말하라고 다그친다. 먼저 "아름다운 노래"라는 것은 관념이나 사물의 구체적인 형태를 의미하는 것이 아니라 시적 진실을 암시한다. 그것은 모두에서 언급한 대로 수용미학적 차원에서 독자에게 주는 유의적인 감동을 말한다. 그러나 수취인 격인 독자에게 감동을 선물하기 위해서는 먼저 시인 자신이 그런 선물을 받아야만 하고 시인은 지금을 충족할 수가 없는 것이다. 두 번째로 금지구역은 함부로 넘나들 수 없는 곳, 엄밀히 말해 넘나들어서는 안 되는 곳이다. 인간은 현실이 용납되지 않을 때 도피를 꿈꾸게 되며, 만약 금지구역으로 숨어든다면 가장 안전한 곳이 되기도 한다. 왜냐하면 그곳은 아무도 의심하지 않는 곳이기 때문이다. 그런데 거기서 무슨 말을 했는지 "나"가 "나"에게 캐묻고 있다.

또한 ②의 「시 2」를 보면 화자는 "너를 만나/ 창을 열고", "별"과 "달"이라는 이상을 향해 달려간다. 달려가면서도 이상은 "환각의 늪"일 때가 있음을 알기도 한다. 또한 거기서 "미친 듯 울고 웃으며" 다시 제자리로 돌아오는 모순을 반복한다. 따라서 "모순의 날들이여"라고 절규하면서도 "그 끝은 알 수 없지만 / 어찌 가벼울 수 있겠니/ 시여"(「시 3」)라고 다시 재기하는 모습을 보여준다. 그러나 ③의 "백지 앞에서 귀가 멍멍"하다는 고백은 좌절이다. 희망과 좌절이 되풀이되는 모순을 시인은 백지와 귀가 멍멍한 혼돈으로 보여주지만 "그림자 없는 백지의 세계로 간다"는 고백을 통해 결코 체념하지 않는 의지를 보여준다. 그림자 없는 백지의 세계는 오히려 모든 흔적을 지워버리고 다시 목표를 향해 전진하는 것으로 강렬한 욕망을 상징하기 때문이다.

4

이와같이 홍 시인은 시집 전반에 걸쳐 "나"와 "너", "그대"라는 대명사를 주체로 하여 사유를 진행한다. 앞에서 언급한 대로 "너"와 "그대"는 극복해야 하는 대상이다. 그것은 곧 "나"를 만나는 것이 목표이며 그 목표는 "네가 나라는 생각/ 내가 너라는 생각(「시 20」)"이라는 고백대로 나의 정체성을 시에서 찾고 싶은 욕망으로 귀결된다. 그리고 홍 시인의 시에 대한 욕망은 연작시 20편에 고스란히 담겨있다. "그대가 전부인// 나, 산산이 부서져도/ 활짝 꽃 피우고 싶은데(「시 7」)"라는 고백대로 시는 홍 시인에게 있어서 절대적인 대상, 즉 신앙 그 이상이라고 할 수 있다.

톨스토이는 인생은 평생 집을 짓지만 집을 완성하지 못

한다고 한탄했는데 시인이 되고 싶은 욕망도 마찬가지일 수밖에 없다. 그러나 시인의 욕망은 선한 것이며 끝없는 욕망으로 하여 내가 또는 사회가 존재하며 욕망은 죽어야 끝이 난다는 라캉의 욕망이론대로 욕망으로 하여 시인은 시인에 더 가까이 다가갈 수 있을 것이다. 그리고 가장 큰 소득은 "깊은 고뇌는 인간을 고귀하게 만든다"는 고귀함의 선물을 받을 수 있다는 점이다.

니체의 말대로 고뇌는 인간을 고귀하게 만든다. 시인의 고뇌는 더욱 그렇다. 아리스토텔레스는 『시학』에서 "추운 겨울 봄을 기다리는 뿌리처럼 기쁨은 고뇌에서 출발하며 고뇌는 기쁨을 목적으로 한다"고 했는데. 고뇌는 새로운 희망을 목적으로 한다. 그러므로 시에 닿기를 원하는 홍 시인의 고뇌는 결론적으로 시에 대한 깊은 애정이며 이는 기쁨에 닿고자 하는 희망임을 힘주어 강조하고 싶다.

나를 만나면 무슨 말을 할까

초판1쇄 발행 2022년 3월 31일

지은이 홍희숙
펴낸이 이길안
펴낸곳 세종출판사

주소 부산광역시 중구 흑교로 71번길 12 (보수동2가)
전화 051-463-5898, 253-2213~5
팩스 051-248-4880
전자우편 sjpl5898@daum.net
출판등록 제02-01-96

ISBN 979-11-5979-495-7 03810

정가 10,000원